HOE KIES JE HET BESTE BEDRIJF OM TE DOEN?

DOOR

BISCHOP OCHEI ONSCHULDIG

Inhoud

- Richard Branson.

*https://www.projectmanager.com/blo
g/30-best-business-quotes*

*Als de mens geen fysieke zaken
meer kan doen, wat voor soort
zaken moet hij dan omarmen ? "*

OVER DIT BOEK

"Bijna elk type handel of bedrijf dat de mensheid kent, kan op afstand of vanuit huis worden gedaan om een eenvoudige term te gebruiken.

Het enige nadeel is dat sommige bedrijfsvormen omslachtiger zijn dan andere. Sommige hiervan zijn nu no-go-gebieden geworden.

Waarom zou iemand het gemakkelijke achterlaten en het moeilijke aan gaan?

Het doel van dit boek is om te leren wat het verschil is tussen een bedrijf dat je gemakkelijk kunt doen op een moment als dit en een bedrijf dat je niet gemakkelijk kunt doen. Ze kunnen allebei online zijn omdat

alles buiten het werk op afstand
nu abnormaal is. "

-Meer details binnen op pagina 19

HOOFDSTUK EEN

WAT IS HET BESTE?

Ik twijfel er niet aan . Met de incidentie van
Convid19, veel s mensen zijn thuis . Ze zijn afgesneden van hun normale fysieke banen. Sinds de pandemie zijn veel bedrijven ingekrompen en veel afhankelijkheid van soepzegels veroorzaakt.

Deze ontslagen arbeiders zijn als vissen uit het water. Zoals u weet, kunnen de meeste vissen niet overleven zonder water. Zet bij twijfel een levende vis een hele dag in de zon en kijk wat er gebeurt!

Dit is een zeer ontwrichtend tijdperk en het heeft veel mensen op volle
zee achtergelaten zonder reddingsvesten of boten!

Onnodig te zeggen dat mensen zich zorgen maken . Eigenlijk vragen ze zich af welke alternatieven ze hebben . Ze zijn druk bezig met het zoeken naar nieuwe ideeën en bedrijven die ze willen verdienen, in een tijd als deze: een tijd waarin de koper geen koopkracht heeft. Een tijd waarin de goederen er niet eens zijn omdat veel, zo niet alle, zijn gesloten en naties in zichzelf in quarantaine zijn geplaatst!

Een tijd waarin bijna iedereen gedwongen wordt thuis te blijven, zo niet volledig, op zijn best gedeeltelijk ! Vroeger reisden veel mensen van het ene uiteinde van de stad naar het andere om de kost te verdienen, maar nu hebben de beperkingen van Covid 19 het voor zulke mensen erg moeilijk gemaakt om te pendelen! Een ritje maken in openbare parken is nu moeilijker dan de kop van een Karmel door het oog van een naald halen!

Zelfs degenen die kunnen verhuizen en dat heeft te maken met mensen in de hulpdiensten, krijgen met veel voorzorgsmaatregelen te maken. Ze moeten zowel thuis als onderweg een aantal taken uitvoeren. Een van die taken is het gebod om te allen tijde gezichtsmaskers te dragen . Ze moeten ook regelmatig hun handen wassen , mensenmassa's vermijden en zich aan fysieke grenzen houden! Dit is slechts om er een paar uit een lange lijst te kiezen!

Deze nieuwe regels hebben zakelijke transacties erg moeilijk gemaakt.

Mensen van een bepaalde leeftijd bijvoorbeeld : voornamelijk van 60 jaar en ouder zijn in veel landen en klimaten gevraagd om thuis te blijven . Ze worden ook gevraagd om zichzelf in quarantaine te plaatsen, zowel in hun eigen belang als in dat van de samenleving als geheel. Ze zeggen dat deze senioren het meest kwetsbaar zijn.

De heersende omgeving en regels hebben een nieuw normaal

ingevoerd. De dingen zijn niet meer
zoals ze waren. Er was een tijd dat een
venter naar het centrum van de stad kon
komen om wat lawaai te maken met
luide muziek of iets wat geoorloofd was
en een grote menigte aan te
trekken. Meestal zal de menigte zo groot
zijn dat mensen in elkaar gedrukt
worden. Niemand gaf om sociale of
fysieke afstand.

Vervolgens gebruikten mensen allerlei
trucjes om grote menigten op te letten.

Vervolgens gebruiken ze d- intermezzo's
om te zeggen of in te leiden waarmee hij
of zij is gekomen.

Er was ook een tijd dat rondreizende
circussen , om specifieker te zijn, van
stad naar stad verhuisden om er te
komen en veel lawaai te maken om
gemakkelijk de aandacht en mensen te
trekken.

Deze dagen zelfs als u de hoogste vorm
van lawaai te maken, zullen de mensen
thuis blijven, zowel door de keuze en de

wet, leav ing u met alles wat je kwam om
te verkopen of te zeggen.

**"Er is geen tekort aan
opmerkelijke ideeën, wat
ontbreekt, is de wil om ze uit te
voeren."**

- Seth Godin

HOOFDSTUK TWEE

HET NIEUWE NORMAAL

Dit wordt veroorzaakt door het feit dat potentiële klanten als ratten in gaten zijn gelopen bij het miauwen van katten. U kunt ze niet meer bereiken op traditionele marktplaatsen. Vroeger gingen mensen naar de markt. Nu moet je de markt naar hen brengen in hun schuilplaatsen!

Het is nu de plicht van een verkoper of marketeer om niet aan de deur te wachten in de hoop dat klanten naar buiten komen, maar om het aas te pakken! Nee, het is nu tijd voor de marketeer om de goederen rechtstreeks in de gaten te brengen waar de klanten in worden gegraven!

We moeten niet alleen dit nieuwe normaal onder ogen zien, maar er het beste van maken . Dit is zo omdat onderzoek wijzen s dat zelfs na de pandemie veroorzaakte beperkingen zijn opgeheven , gewoonten Acquir zal ed zeer moeilijk te doorbreken zijn. Het is empirisch bewezen dat, hoewel het gemakkelijk is om bepaalde gewoontes op te nemen, het extra moeilijk is om ze los te laten.

Dus er kan mogelijk geen weg terug zijn. De dagen van fysieke markten zoals we die kenden, zijn voorbij en waarschijnlijk voorgoed.

Deze verandering is op zijn zachtst gezegd zeer ontwrichtend geweest. Veel sectoren zijn zwaar getroffen. Sta mij toe er een paar te noemen:

Zo is de onderwijssector, en dan met name de kinderen, volledig ingestort. De zwaardere klap is naar de eigenaren van particuliere scholen gegaan. Omdat ouders niet gaan werken en geen cent hebben verdiend, kunnen ze geen schoolgeld betalen. Er is dus niets in termen van inkomsten naar de eigenaren van de particuliere school gekomen. Daarom zijn ze ook konden niet het personeel te betalen . De rimpel effect is dat zulke medewerkers op hun eigen deel heeft families en andere personen ten laste te voeden. Ze konden niet voor deze gezinnen zorgen, omdat ze dat niet hadden.

Eigenaren hebben hun eigendommen ook moeten beveiligen in afwezigheid van studenten en personeel die anders de wacht hadden kunnen houden.

Ouders hebben moeten worstelen met zowel het voeden van de kinderen als voor hen van 's morgens tot' s avonds.

De industrie, luchtvaart en toerisme hebben het ook niet beter gedaan! Verliezen in dergelijke sectoren zijn beter voor te stellen dan besproken.

Alles bij elkaar genomen betekent dit dat of we het nu leuk vinden of niet, het nooit business as usual kan zijn. De traditionele banen die gebruikt om te voorzien voor ons of waardoor wij bieden dagen voor onze geliefden, zijn weggenomen door de veranderingen gedwongen de mensheid door de beruchte Corona virus pandemie van 2020!

Veel mensen zijn begonnen met het aanbrengen van de relevante wijzigingen. Bijna de hele mensheid heeft dingen moeten afleren die ze zoveel jaren geleden hebben geleerd. Ze hebben de ondernemersgewoonten moeten veranderen waaraan ze vanaf de kleuterschool gewend waren geraakt.

De waarheid wordt verteld : het feit is op dit moment niet of mannen moeten veranderen, maar waarnaar hij moet veranderen. Als de mens geen fysieke zaken meer kan doen, wat voor soort zaken zou hij dan moeten omarmen ?

Als resultaat van deze paradigmaverschuiving zien we nu veel mensen betreden :

1. **E- commerce.** Dit alles weet inmiddels waarschijnlijk ook het opzetten van online winkels voor aan- en verkoop.
2. **Directe verkoop** . We zien nu veel industrieën vooruit integreren en proberen lange armen te ontwikkelen om in de zitkamers van potentiële klanten te reiken. We zien dat bedrijven een groot aantal personeelsleden in dienst hebben en die van oudsher rechtstreeks naar huizen sturen om missionarissen te verkopen!
3. **Marketing op meerdere niveaus** . We zien veel bedrijven de implementatie van de multi-level vorm is van marketing dat is een andere vorm van directe verkoop.
4. **Velen houden zich bezig met e-mailbusiness** . Hierin worden goederen en diensten verkocht via e-mail. Daardoor zouden ze dieper kunnen doordringen waar potentiële klanten te vinden zijn.

5. **Sommige anderen hebben blogs** . De meeste informatiehandelaren vinden dit erg handig . Ze genereren inkomsten door informatie van dergelijke platforms te verkopen .

6. **Anderen verkopen hun goederen en diensten door gebruik te maken van Youtube en Tiktok** .

7. **APPS zijn ook in zwang** . Dit zijn gespecialiseerde applicaties die zijn gebouwd om bepaalde goederen online te verkopen.

8. **Anderen gebruiken andere vormen van** websites , zoals die met cust omized domein namen en anderen op generieke sites zoals WordPress , en een lange enz.

Dit zijn allemaal goede online zetten . Ze leveren allemaal dividenden op als ze goed worden nagestreefd en hoe en wanneer nodig.

De hele mensheid kan echter niet hetzelfde bedrijf doen . Elke persoon moet op een moment als dit het enige bedrijfsmodel kiezen dat het beste bij hem of haar past.

Hoewel we niet allemaal hetzelfde bedrijf kunnen doen, kunnen ook niet alle bedrijven tegelijkertijd worden gedaan . Wat saus is voor de gans, is niet altijd goed voor de gans.

Het is niet voldoende om te weten dat het tijd is om online te gaan. We moeten uitzoeken welk voertuig online het beste kan dienen voor onze branche en ons doel.

Aangezien bijna iedereen online te gaan deze dagen , aw zou Ary investeerder willen vragen: **is het genoeg om gewoon online te gaan?**

"Geluk komt niet door gemakkelijk werk te doen, maar door de nagloed van voldoening die komt na het volbrengen van een moeilijke taak die ons best eiste."

HOOFDSTUK DRIE

EEN GEVALLEN NEE!

Het antwoord op de bovenstaande vraag is een vetgedrukt nee. We moeten allemaal zeker niet overhaast in hetzelfde patroon of op hetzelfde terrein terechtkomen.

Laten we eens kijken naar het maken van films als proefkonijn. Niet alle filmmakers zijn gevestigd in Hollywood! Zijn zij? Niet iedereen in de filmindustrie zijn acteurs. Zijn zij? Niet alle filmdistributeurs maken gebruik van gevestigde theaters! Sommige worden alleen naar keuze verspreid op internationale filmfestivals en scholen. Er zijn veel routes naar Rome.

Daarom moeten we, nu de wereld online bedrijven omarmt boven de traditionele brick and mortar, opties hebben om te overwegen , zelfs binnen de online industrie .

Welke opties zijn er, of helemaal niet?

Geloof me, want ik zal er niet omheen draaien. Ik ga liever meteen in op wat er gezegd moet worden en hier is het:

Vóór de pandemie en de daaruit voortvloeiende veranderingen, gaf ik les in de Bijbelschool en predikte ik vervolgens in kerken op zondag en doordeweeks. Ik geloof dat veel mensen meer dan één bron van inkomsten hebben. Ik zou onmogelijk de enige kunnen zijn.

Met de toelagen die ik hier en daar kreeg, kon ik mijn gezin intact houden. Ik was ook in staat om de verf op mijn kleren te vernieuwen en ze te verwisselen voordat ze versleten waren!

Dankzij de heer Covid 19 zijn ze ineens allemaal verleden tijd ! Kerken behoorden tot de eersten die werden gesloten. Mensen konden ook niet denken om op zaterdag naar de Bijbelschool te komen . E ven als ze wilden, de beperkingen hield iedereen binnen gevangen !

Ik merkte dat ik thuis zat te luieren totdat de Heer mijn begrip opende om te weten dat er voor alles onder de zon een tijd en een seizoen is. Ik realiseerde me plotseling dat voor iemand de tijd was gekomen om van het fysieke Bijbelschoolsysteem over te stappen naar een online school.

Ik heb snel twee dingen gedaan die mijn financiën hebben gestimuleerd. Eerst plaatste ik gratis advertenties op **WhatsApp** en andere sociale media. Dit resulteerde erin dat ik studenten online had . Nieuwe studenten waren zo veel als het geval is met in- persoon klassen!

Ten tweede begon ik een Writing S- school voor pastors en voordat je Jack Robinson kon zeggen, had ik een groot aantal online studenten over het hele Afrikaanse continent. Alles werd online gedaan en we gebruikten vertalers om

degenen te bedienen die geen Engels
konden spreken!

**Dat bevestigde voor mij, het feit
dat veel mensen zich thuis
afvroegen wat ze in zo'n tijd het
beste konden doen en wat ik
bedacht, bleek een echt
hulpmiddel te zijn in de handen
van pastoors.**

 Als gevolg van die innovatie hebben
veel predikanten op het continent nu
publicaties online waarmee ze iets
kunnen verdienen. Wat ze in dit stadium
verdienen, is misschien niet veel, maar
het heeft hun hoop gegeven dat ze na
verloop van tijd bekende en
gevierde auteurs en misschien
wel uitgevers zullen worden !

In de loop van mijn onderzoek kwam ik
er ook achter dat het niet alleen om
publiceren gaat. **Bijna elk type
handel of bedrijf dat de mensheid
kent, kan op afstand of vanuit
huis worden gedaan om een
eenvoudige term te gebruiken.**

Het enige nadeel is dat sommige bedrijfsvormen omslachtiger zijn dan andere. Waarom zou iemand het gemakkelijke achterlaten en het moeilijke aan gaan?

Het doel van dit boek is om te leren wat het verschil is tussen een bedrijf dat je gemakkelijk kunt doen op een moment als dit en een bedrijf dat je niet gemakkelijk kunt doen. Ze zouden allebei online kunnen zijn omdat alles buiten het werk op afstand nu abnormaal is.

Dit standpunt of denken veronderstelt dat we een aantal bedrijven moeten identificeren die ons op een moment als dit aanspreken en ze daarna moeten onderscheiden van het moeilijke, analoge en dus wegwerpbare, om het ideaal te kunnen kiezen.

Dus terug naar de vraag: "wat is de beste vorm van zakendoen waar iemand op een moment als deze aan kan beginnen?"

Dale Carnegie

https://www.brainyquote.com/quotes/dale_carnegie_100661?src=t_business

HOOFDSTUK VIER

HET IDEALE BEDRIJF?

Dit is een baan waarin u niets hoeft te verkopen of te vervoeren dat concreet of zwaar is , een vervaldatum heeft en andere details die we u in dit hoofdstuk geven .

Met andere woorden, het verdient de voorkeur dat u dingen op de markt brengt die :

1. **IMMATERIËLE** : dit moeten producten zijn ZOALS DIENSTEN. Dit kan zijn in de vorm van online tra ining cursussen of online scholen, maar op geen enkele wijze beperkt. U kunt ook online coaching en counseling overwegen. De lijst is eindeloos.

2. **U kunt ook e-commercesites beheren** .

In dit geval denkt u misschien aan samenwerking met koeriersbedrijven die de goederen nu moeten afleveren wanneer ze worden besteld.

Dit bespaart u de stress en tijd van het vervoeren van zware of breekbare artikelen die op tijd en in de beste omstandigheden geleverd moeten worden .

Het nadeel van een hoofdvak in goederen, met name zware goederen, zijn:

1. **Hoe zwaarder ze zijn, hoe moeilijker** ze zijn om op en neer te bewegen. Sommigen hebben dure en gespecialiseerde vrachtwagens nodig om van de fabriek naar de klant te vervoeren. Heeft u het geld voor deze gespecialiseerde voertuigen?

2. **De meeste zware apparatuur is niet iets dat mensen elke dag kopen.** Zware machines en vliegtuigen, om er maar twee te noemen, worden niet regelmatig aangeschaft.

Je moet dingen verkopen die mensen regelmatig kopen.

3 Dieven merken je gemakkelijk op. Ze kunnen zelfs naar je kijken terwijl je die dingen draagt en denken dat ze veel waard zijn, alleen maar omdat ze omvangrijk zijn.

Degenen die in dit soort investeringen zitten, hebben extra geld om de veiligheid te garanderen.

Dit soort zaken is wellicht niet geschikt voor beginners.

4. Soms vallen corrupte veiligheidsfunctionarissen je ook lastig als ze zien dat je zware en dure tassen draagt om het ene goed naar de andere plaats te vervoeren.

5. Sommige goederen hebben een korte houdbaarheid en bederven als ze niet onmiddellijk worden verkocht. Ik heb situaties meegemaakt waarin veel farmaceutische bedrijven hun producten moesten weggeven of doneren omdat de vervaldata op handen waren. Dergelijke schenkingen worden vaak gedaan aan openbare ziekenhuizen met een hoog patiëntenverloop, zodat ze de medicijnen snel kunnen gebruiken voor het einde van de korte levensduur.

Dergelijke bedrijven overleven vanwege hun hoge expertise en middelen die hen in staat stellen de stormen te overwinnen wanneer ze komen.

Beschikt u over dergelijke middelen?

6. **Sommige goederen zijn zo kwetsbaar** dat ze niet kunnen worden vervoerd over het soort wegen dat we in sommige derdewereldlanden hebben. Daarom, als u dit soort goederen gaat vervoeren, moet u er rekening mee houden dat sommige groepen tijdens het transport en op eigen risico beschadigd kunnen raken!

7. **Dat betekent ook dat u een verzekering nodig heeft.**

Alle bedrijven hebben een verzekering nodig. Zakendoen is een risico en er kunnen op elk moment dingen misgaan.

Toch worden verzekeringen op afstand gehouden door noodzaak en gebrek aan geld. Vraag me niet of dat zakelijk gezien zinvol is, want ik heb niet alle details.

Soms is ons kapitaal echter erg klein. We kunnen daarom niet alle risico's alleen afdekken. Dit dwingt ons om ter bescherming verzekeringen af te sluiten . Er moet ook worden vermeld dat op sommige gebieden een verzekering wettelijk verplicht is.

Verzekering klinkt zeker goed voor een zakenman wiens kapitaal dik is. Het kan lawaai zijn voor degenen aan de andere kant van de medaille. Mijn advies is dat hoewel zakendoen alles te maken heeft met het nemen van risico 's, je risico's te allen tijde zo veel
mogelijk moet verminderen , tenzij je een gokker bent !

Het moet ook worden gezegd dat als u klein begint, zoals tegenwoordig het geval is bij veel bedrijven, met name die van huis, u alle extra kosten, zoals verzekeringen, moet vermijden, behalve waar dit wettelijk verplicht is.

Houd er rekening mee dat het bovenstaande geen juridisch advies is, maar een stap die vaak wordt ingegeven door noodzaak.

8. SOMMIGE GOEDEREN HEBBEN SPECIALE OPSLAGVOORZIENINGEN NODIG

Het is daarom een gok voor u om aan te nemen dat u ze onmiddellijk kunt weggooien zonder afspraken te maken over waar u ze wilt bewaren voor het geval u ze niet op tijd weggooit!

Om een dergelijk bedrijf te beginnen, heeft u opslagfaciliteiten nodig die in goede staat zijn. Zulke dingen kunnen u een arm kosten.

'Stap uit de geschiedenis die je
tegenhoudt. Stap in het nieuwe
verhaal dat je bereid bent te
creëren. "

Oprah Winfrey, media-eigenaar

https://www.entrepreneur.com/article/
301171

HOOFDSTUK VIJF

INTEGENDEEL

W anneer je belangrijk bent en je concentreert op dingen die je met slechts een muisbeweging kunt sturen naar waar dan ook ter wereld waar ze heen willen, dan ben je verstandig om de volgende redenen:

1. Laat ik, vertrekkend vanuit het voor de hand liggende, meteen zeggen dat we **bedrijven nodig hebben die in hoge mate digitaal zijn en niet analoog.** Door deze verwijzen we naar b usiness es u kunt uitvoeren op uw telefoon of een kleine PC en vanuit alle delen van de wereld.

2 . **Bedrijf dat heeft niet al te veel training nodig** en een lange lijst van universitaire diploma's voordat je ze kan beginnen. Denk aan de lange lijst van miljardairs die op een bepaald moment

de universiteit hebben verlaten om zaken te doen.

3. Zaken die u gemakkelijk vanuit uw huis kunt doen . We raden je aan om te gaan voor die dingen die niet veel ruimte nodig hebben.

Technologie heeft de kloof tussen thuis en werk overbrugd.

4. Een die uw starttijd en sluitingstijd niet regiment . Degene waarmee u in uw eigen tempo en tijd kunt werken.

Dit moet worden benadrukt omdat het tijdperk van het type van dienaar en baas voorbij is. Wat we vandaag hebben, zijn soft- of partnerschappen waarin elke medewerker een stakeholder is. Ze werken voor de CEO waarom de CEO ook voor hen werkt.

Vroeger dan laat groeit het bedrijf op de beurs uit tot iets quote d .

5. Je moet ook betrokken zijn bij een bedrijf dat iets produceert dat bijna iedereen nodig heeft. We hebben dit in de laatste twee hoofdstukken een paar keer geslagen.

Kijk om je heen en zie dat er veel dingen zijn die de mensheid nodig heeft . Het is geen rocket science om te zien wat mensen dagelijks nodig hebben : dingen waarvoor ze al regelmatig geld uitgeven .

De Briti s h Institute of M arketing de fi n es marketing als [samengevat door mij] :

Ik bepaal de behoeften van de mensen en mobiliseer om die behoefte met winst te exploiteren.

Wanneer we hier worden toegepast, zeggen we in eenvoudige bewoordingen dat we moeten investeren in bedrijven die voldoen aan de bestaande behoeften van de mensen: op een innovatieve manier die ons in staat stelt maximaal voordeel of winst te behalen door onze exploitatie van dergelijke behoeften.

We zeggen ook dat je geen gespecialiseerde hulp nodig hebt om het zoeken bij volmacht of ezeljaren van onderzoek uit te voeren om slechts één goed item te krijgen dat mensen nodig hebben.

Neem bij twijfel eens een kijkje bij de meeste multi-level bedrijven. U zult zien dat ze alleen maar investeren in vitale gebieden zoals gezondheid, omdat ze weten dat iedereen een goede gezondheid nodig heeft.

Ook jij kunt hetzelfde doen. Ik bedoel niet dat je ook in hetzelfde gezondheidsgebied kunt investeren. Hoewel dat mogelijk en niet verboden is, is wat ik wil zeggen, zoek naar enkele van de items die mensen dagelijks gebruiken en mobiliseren om in die behoeften te voorzien, en je zult glimlachen naar de bank.

U moet hierbij echter rekening houden met alle andere bovenstaande punten **. Het is misschien moeilijk om een product te vinden dat alle kwaliteiten heeft die in het**

bovenstaande hoofdstuk worden genoemd, maar we kunnen er wel een vinden die er zoveel mogelijk aan voldoet .

Het is zakelijk gezien verstandig om iets te verhandelen dat bijna iedereen dagelijks nodig heeft.

Toen ik B usiness Magazine Editor was, heb ik ooit een CEO /
Managing Director van een snelgroeiend bedrijf geïnterviewd . Het bedrijf haalde geld binnen en verdiende miljonair met haar investeerders.

Ik vroeg hem wat er nodig is om miljonair te zijn en dit is wat hij tegen mij zei:

Hij zei verder dat :

'Het maakt niet uit of het je een dag of een maand kost om zo'n verkoop te doen.

R ather, je innoveren is !

Die woorden hielpen mijn leven vorm te geven . Ik volg het zelfs tot op heden en ik hoop dat het ook de jouwe is.

6 . Overweeg ook een bedrijf waarin u geld voor mensen spaart, zelfs als u naar de bank lacht. Mensen door de natuur houden er niet van om geld uit te geven. Ze willen zoveel mogelijk geld sparen.

Als we een bedrijf zien dat ons helpt geld te besparen, omarmen we het snel. Dat is de reden waarom de meeste op korting gebaseerde bedrijven meer overleven dan dat ze tegen exorbitante prijzen verkopen. Daarom zie je tijdens feestelijke periodes meer bedrijven in beweging komen als er kortingen worden gegeven door winkelketens! Daarom hebben we meer verkopen op de zogenaamde "Black Fridays!"

HOOFDSTUK ZES

DOE ONRECHTMATIGE AANBIEDINGEN

U kunt bereiken wat de titel van dit hoofdstuk zegt door een combinatie te maken van alle goede punten die in hoofdstuk vijf worden genoemd.

Hier is een uitsplitsing van de knock-outbenadering als we deze zouden kunnen aanbevelen :

1. Verkoop wat de **mensen al gewend zijn** . Bied geen ijs aan Eskimo's!
2. Eentje die je kunt verkopen met een

simpele **muisbeweging.** Hoe gemakkelijker en handiger voor u, hoe beter.

3. Je geeft ze **goede kortingen.** E NSure dat elke aankoop wordt geleverd met een korting ten opzichte van reguliere marktprijs!

4. Dit moet ook worden gecombineerd met **diensten van topkwaliteit .**

5. Een nd **snelheid** in levering! U bespaart hen tijd en geld door middel van kortingen.

6. Als u **een aangesloten** programma moet **ru nnen** om hen via partnerschappen het beste van de branche te voorzien , doe dat dan om uw doel te bereiken.

7. U moet een bedrijf runnen waarbij wordt betaald voor **verwijzingen .** Wanneer mensen worden betaald voor het doorverwijzen van mensen naar u, betekent dit dat u ze voor het leven in dienst heeft

genomen en dat u waarschijnlijk
binnen zeer korte tijd een zeer
groot aantal mensen zult bereiken.
De kosten van de commissie die u
betaalt aan degenen die mensen
naar u doorverwijzen, worden
vooraf berekend voordat de
kostprijs van de dienst die u levert,
wordt vastgesteld. Het geheel
moet win-win zijn voor de
verkoper en de koper.

8.   **Het
betalingssysteem** voor zo'n
bedrijf moet in een tijd als deze
beschikbaar en flexibel
zijn. Mensen zullen moeten
worden betaald via hun
conventionele banken en
betalingssystemen, vooral degene
die wereldwijd beschikbaar zijn.
Hierdoor kunnen mensen
gemakkelijk betaald worden voor
wat ze hebben gedaan. Dat is
zowel voor verleende diensten als
voor het doorverwijzen van
mensen naar u.

U moet innoveren en de betalingssystemen afschaffen die slechts beperkt zijn tot een bepaald deel van de wereld. Dit is nodig omdat de wereld mondiaal is geworden en het tijdperk van microscopisch denken voorgoed voorbij is.

Introduceer multi-level marketingsystemen die niet te diep zijn. Vermijd diegene die te veel computerwerk vereisen en die misschien het systeem instorten. Ga voor marketingplannen op meerdere niveaus die kunnen worden gestart en voltooid op een vel A4-papier!

9.	**Bedenk een vorm van erkenning voor high-performers** in uw bedrijf. Geef prijzen en beloningen zo vaak als je kunt.

10.	**Zorg voor vasthouders** om mensen aan te moedigen om aan uw bedrijf te blijven en trouw te blijven. Dit kan in de vorm zijn van bonussen voor prestaties met een hoog volume!

"Als je het kan dromen, kan je het doen.

Brother Studio en Disneyland.

HOOFDSTUK ZEVEN

LAATSTE WOORD

Het kan zijn dat u niet één bedrijf krijgt met alle hierboven genoemde kwaliteiten, maar we raden aan dat het bedrijf sluit aan bij de aanbevolen.

Eén ding ontbreekt in alle kwaliteiten die in dit boek worden genoemd en dat zijn gebeden.

Als christen kan ik niet zonder gebeden en ik moedig u aan om te bidden.

Wat voor zaken een man ook doet, hij of zij moet het ondersteunen met gebeden.

Voor ons christenen geeft de Bijbel ons de verzekering dat als we eenmaal een heilig leven leiden en in de naam van Jezus Christus van Nazareth vragen, datgene waar we om vragen, van ons zal zijn.

Als u geen christen bent, moedig ik u aan om meer over Jezus Christus te weten te komen.

Dankjewel en moge God je zegenen.

EENS MEER BEDANKT VOOR HET DOORLEZEN.

ALS JE EEN BEHOEFTE AAN GEBEDEN HEBT, E-MAIL ME DAN OP; newochei@gmail.com
IK MOEDIG JE OOK AAN OM MIJ TE BEREIKEN MET SUGGESTIES DIE JE HEBT VOOR DE VERBETERING VAN DIT BOEK IN DE VOLGENDE EDITIE. JE KUNT OOK EEN EERLIJKE REVIEW ACHTERLAAT OVER AMAZON.

EENS MEER DANK IK U VOOR UW KEUZE OM DIT BOEK TE LEZEN EN IK BID DAT ÉÉN WOORD IN JE LEVEN BLIJFT VAN DIT KLEINE BOEK.

= BISCHOP OCHEI ONSCHULDIG.

MISSCHIEN U OOK GRAAG

"WAAROM HET NIET GENOEG IS OM
ONLINE TE PREDIKEN"

HET BOEK VERTELT ONS WAT WE
MOETEN DOEN ALS HET PUBLIEK
KIJKT EN NIET ALLEEN LUISTERT.

ANDERE BOEKEN VAN

DEZELFDE AUTEUR

1. HOE ECHT ONMIDDELLIJK OM TE GAAN MET DE GEEST VAN SAMENZWERING.
2. HOE EVENWEL MET ZONDE OM TE GAAN.
3. HOE MOEDIG OM TE GAAN MET GEBRUIK EN DUMP SPIRIT.
4. HOE RUCHTLOOS OM TE GAAN MET HATRED EN RACISME.
5. DUS NOEM JE JEZELF EEN PASTOR?
6. DUS NOEMT U ZELF EEN MANAGER?
7. DUS NOEM JE JEZELF EEN ECHTGENOOT?
8. HOE EEN GEKKE MAN TE RAADPLEGEN

OVER DE AUTEUR

BISHOP OCHEI INNNOCENT, 64, IS
DE PRESIDENT VAN NEW
DIMENSION SEMINARIES
INTERNATIONAL.

HIJ IS LID VAN DE
INTERNATIONALE FELLOWSHIP
VAN DE E CHRISTIAN CRISIS
CENTERS, VS EN EEN MANAGEMENT
CONSULTANT.

HIJ IS GEHUWD MET LIZZY EN ZIJ
ZIJN GEZEGEND MET VIER GODEN
DIE KINDEREN VREZEN

OPMERKINGEN

OPMERKINGEN